PETIT INTERPRÈTE

DU SOLDAT FRANÇAIS

A MADAGASCAR

PAR

le Capitaine DUBOIS

DE L'INFANTERIE DE MARINE

EX-CAPITAINE AUX TIRAILLEURS DE DIÉGO-SUAREZ

PARIS

LIBRAIRIE MILITAIRE DE L. BAUDOIN

IMPRIMEUR-ÉDITEUR

30, Rue et Passage Dauphine, 30

—

1895

PETIT INTERPRÈTE

DU SOLDAT FRANÇAIS

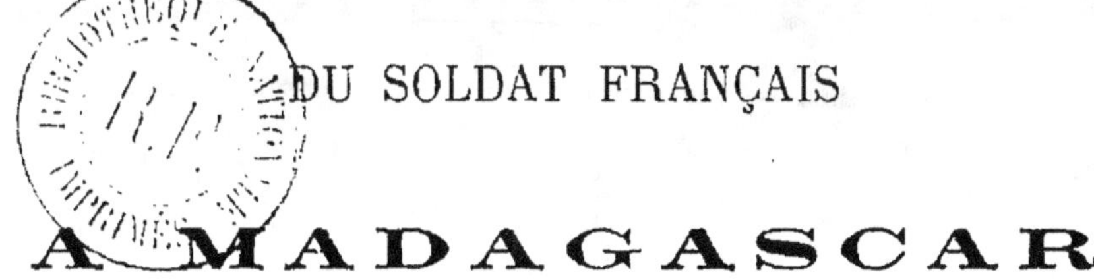

A MADAGASCAR

PARIS. — IMPRIMERIE L. BAUDOIN, 2, RUE CHRISTINE.

PETIT INTERPRÈTE

DU SOLDAT FRANÇAIS

A MADAGASCAR

PAR

le Capitaine **DUBOIS**

DE L'INFANTERIE DE MARINE

EX-CAPITAINE AUX TIRAILLEURS DE DIÉGO-SUAREZ

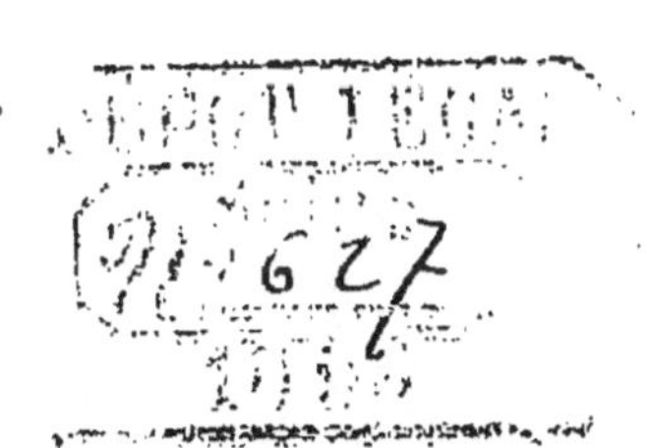

PARIS

LIBRAIRIE MILITAIRE DE L. BAUDOIN

IMPRIMEUR-ÉDITEUR

30, Rue et Passage Dauphine, 30

—

1895

PETIT INTERPRÈTE

DU SOLDAT FRANÇAIS

A MADAGASCAR

NOTIONS GRAMMATICALES.

La langue malgache emploie l'alphabet latin. Les lettres C, Q, U, X, n'existent pas ; *i* et *y* ont la même valeur : *i* s'emploie au commencement et dans l'intérieur des mots, *y* à la fin.

Toutes les lettres se prononcent.

La prononciation est généralement la même qu'en français : il suffit de faire les remarques suivantes :

I. — La voyelle finale est prononcée très faiblement, et est même souvent muette.
II. — O a le son de *ou*.
III. — Le G est toujours dur.
IV. — H est toujours aspirée.
V. — J se prononce *dz*.
VI. — La diphtongue *ao* se prononce souvent *o* bref.

Accent.

L'accent est très important en malgache ; dans les mots de deux ou trois syllabes il porte généralement sur la première ; dans les autres mots (dérivés), sur la pénultième. Les exceptions seront indiquées.

Changements et combinaisons de lettres.

La prononciation étant fort douce, il se produit un grand nombre d'élisions, de combinaisons et de changements de lettres, mais ces modifications ne sont pas indispensables pour le sens du discours.

Ainsi les syllabes finales *ka* et *tra* s'élident devant un mot commençant par *f, h, l, r, s, v, z*, et ces initiales deviennent *p, k, d, dr, ts, h, j*, etc. Dans le cas de la finale *na*, *a* s'élide et *n* reste ou se change en *m*.

Apostrophe.

L'apostrophe sera employée en cas d'élision d'une voyelle ou d'une syllabe.

Racine.

Le même mot peut servir à en former plusieurs autres au moyen de pa
cules (toujours les mêmes) placées avant le mot racine (préfixes) ou bien a
ce mot (créments).

On verra plus loin ces différentes particules avec leur sens propre.

Substantif.

Les substantifs n'ont ni genre, ni nombre, ni déclinaison.

Lorsqu'il est nécessaire d'indiquer le genre on ajoute au substantif l'un
mots : *lahy*, mâle ou *vavy*, femelle ; et : *omby*, bœuf ; *ombilahy*, taureau ; o
vavy, vache ; *zaza*, enfant ; *zazalahy*, garçon ; *zazavavy*, fille.-

Le pluriel s'indique soit par les pronoms *ireto*, *izireo*, eux, ils, ceux-ci ;
par les adjectifs *rehetra*, *avokoa*, tous ; *maro*, nombreux ; *sasany*, quelq
uns.

Ces expressions ne sont employées que lorsqu'elles sont nécessaires
éviter l'amphibologie.

Noms dérivés d'un verbe.

Parmi ces noms il y a lieu de distinguer :

A. — Les noms agents, qui désignent l'être qui fait l'action marquée pa
verbe. Ils se forment en changeant l'initiale *m* du verbe en *mp* (amp chez
Sakalaves) : *manjaka*, régner ; *mpanjaka*, celui qui règne, le roi.

B. — Les noms habituels, dans lesquels l'initiale *m* du verbe est changé
f, qui expriment une action ou un état habituel ; *miady*, se battre ; *fiady*, la
nière de se battre, l'objet pour lequel on est en guerre.

Noms diminutifs.

Se forment en redoublant la racine : *ady*, guerre ; *adiady*, dispute.

Noms propres.

Les noms propres sont des noms composés ou de véritables phrases qui
une signification : *ambohimarina, any vohitra marina*, au village élevé.

Article.

L'article *ny* se met devant les noms déterminés seulement ; il correspon
français le, la, les : *ny tafondro*, le ou les canons.

Adjectif.

Adjectifs numéraux cardinaux.

La numération malgache ne s'étend que jusqu'aux millions, mais les un
des différents ordres peuvent se multiplier les unes par les autres : *tapit
tapitrisa*, un million de millions.

Les nombres s'expriment en commençant par les unités de l'ordre inférieur (voir numération page 12). Lorsqu'on veut exprimer le nombre de fois, on ajoute aux adjectifs numéraux cardinaux la préfixe *in* : *intelo*, trois fois.

La séparation en groupes s'indique ainsi : *tsitelotelo*, trois par trois ; *tsifolofolo*, dix par dix.

Adjectifs numéraux ordinaux.

Ces adjectifs se forment des adjectifs numéraux cardinaux au moyen de la préfixe *faha* : *fahavalo*, huitième.

Adjectifs démonstratifs.

Ces adjectifs sont distincts pour le singulier et pour le pluriel. Les principaux sont, suivant que l'objet est de plus en plus éloigné :

Singulier : *ity, io, itsy, iny, iry* . . . .
Pluriel : *treto, ireo, iretsy, ireny, irery* . . . . .
Singulier : ce, cet, cette.
Pluriel : ces.
Singulier et pluriel : *izato, izany, izay* ; ce, ces.

Adjectifs indéfinis.

En voici quelques-uns : *isany*, chaque ; *avy*, chacun ; *maro*, plusieurs ; *rehetra*, tous.

Adjectifs interrogatifs.

Ce sont, pour les personnes : *iza, zovy*, qui ? lequel ?
Pour les choses : *inona*, quoi ?

Adjectifs possessifs.

Les adjectifs français mon, ton, etc., s'expriment au moyen d'une forme particulière des pronoms personnels (voir ci-après).

Pronom.

Pronoms personnels.

Ces pronoms, lorsqu'ils sont sujets, s'expriment ainsi :

Singulier :

1re personne : *izaho*, je (avant le verbe).
    —   *aho*, je (après le verbe).
2e personne : *hianao*, tu.
3e personne : *izy*, il, elle.

Pluriel :

1re personne : *isika*, nous (y compris ceux qui écoutent).
    —   *izahay*, nous (non compris ceux qui écoutent).
2e personne : *hianareo*, vous.
3e personne : *izy, ireo, izireo, rizareo*, ils, elles.

Employés comme compléments directs ou indirects des verbes, ces pron[c]
personnels prennent les formes suivantes :

SINGULIER :

1re personne : *ahy*, me, moi, à moi.
2e personne : *anao*, te, toi, à toi.
3e personne : *azy*, le, la, les, lui, elle, à lui, à elle.

PLURIEL :

1re personne : *antsika*, nous (tous), à nous.
—   *anay*, nous (auditeurs exceptés), à nous.
2e personne : *anareo*, vous, à vous.
3e personne : *azy, azireo*, les, à eux, à elles.

Lorsqu'ils sont compléments directs des noms et jouent le rôle de nos adjec[tifs]
possessifs, ils s'expriment ainsi :

SINGULIER :

1re personne : { *ko, o,* } de moi, par moi.
2e personne : *nao, ao*, de toi, par toi.
3e personne : *ny, y*, de lui, par lui, de ou par elles.

PLURIEL :

1re personne : *ntsika*, de nous (tous), par nous.
—   *nay, ay*, de nous, par nous.
2^e personne : *nareo, areo*, de vous, par vous.
3^e personne : *ny, y, ireo*, d'eux, d'elles.

Exemple :

Ny basy ko; le fusil de moi, mon fusil.
Ny basy nao; le fusil de toi, ton fusil.
Ny basy ny; le fusil de lui, son fusil.
Ny basy ntsika; le fusil de nous, notre fusil.
Ny basy nay; le fusil de nous, notre fusil.
Ny basy nareo; le fusil de vous, votre fusil.
Ny basy ny; le fusil d'eux, leur fusil.

Cette forme des pronoms personnels est aussi employée comme complém[ent]
des participes : *resy ko*, vaincu par moi; *tia nay*, aimé par nous, tourn[ures]
très fréquentes en malgache.

Pronoms démonstratifs.

Sont les mêmes que les adjectifs démonstratifs.

Pronoms possessifs.

Ces pronoms sont :

SINGULIER :

1re personne : *ny ahy*, le mien, la mienne, les miens, etc.
2e personne : *ny anao*, le tien.
3e personne : *ny azy*, le sien.

Pluriel :

1re personne : *ny antsika*, le nôtre (y compris les auditeurs).
— *ny anay*, le nôtre (non compris les auditeurs).
2e personne : *ny anareo*, le vôtre.
3e personne : *ny azy, ny azireo*, le leur.

Pronoms relatifs.

Les pronoms relatifs sont : *izay* et *ilay*, qui, que ; ces pronoms peuvent très bien ne pas s'exprimer sans nuire à la clarté de la phrase.

Pronoms indéfinis.

Les adjectifs indéfinis sont employés également comme pronoms indéfinis. On peut citer en outre : *samy*, chacun ; *ny anankiray..., ny anankiray*, l'un..., l'autre ; *ny sasany sy ny sasany*, les uns et les autres ; *na iza na iza, na zovy na zovy*, qui que ce soit ; *na inona na inona*, quoi que ce soit.

Pronoms interrogatifs.

Ces pronoms sont les mêmes que les adjectifs interrogatifs.

Verbe.

Le verbe malgache se réduit à un sujet et à un attribut, et l'idée exprimée en français par le verbe être n'est pas indiquée. Le sujet peut se placer avant ou après l'attribut.

Formation des verbes.

Les mots employés comme attributs peuvent être des noms, des adjectifs, des pronoms, des participes, des adverbes ou des prépositions ; la seule modification qu'ils subissent consiste dans l'adjonction de certaines préfixes.

Préfixes.

Les principales préfixes sont : *ma, man, mana, manka*, employées surtout avec des adjectifs pour former des verbes actifs : *lava*, long ; *manalava*, allonger ; *maha*, qui exprime une idée de capacité ; *mi*, qui sert à former des verbes actifs ou des verbes neutres : *hira*, chant ; *mihira*, chanter ; *miha* ou *mihia*, qui indique une tendance progressive ; *tsara*, bon, *mihiatsara*, devenir bon, s'améliorer.

A toutes ces préfixes simples, prises à la forme habituelle, si l'on ajoute la préfixe *mana*, on obtient les préfixes causatives *mampana, mampaha, mampi....*, etc., qui servent à former des verbes causatifs : *miteny*, parler ; *mampiteny*, faire parler.

Les préfixes *mifana, mifanka*, donnent aux racines un caractère de réciprocité et servent à former les verbes réciproques : *mandaza*, louer ; *mifandaza*, se louer mutuellement.

Temps.

Il y a trois temps qui sont indiqués par la lettre initiale de la préfixe : le présent est indiqué par l'initiale *m*, *matory aho*, je dors ; le passé, par l'initiale *n*, *natory aho*, j'ai dormi ; le futur, par l'initiale *h*, *hatory aho*, je dormirai. Il

*

faut ajouter à ces trois temps une forme habituelle qui a pour initiale *f*, *fato...* qui dort habituellement.

Conjugaison.

La conjugaison consiste simplement à joindre au mot qui exprime l'attrib... les mots qui expriment le sujet, l'attribut subissant les modifications qui d... tinguent entre eux les temps. Ainsi :

PRÉSENT.

Mazoto aho (ou izaho mazoto).	Je suis zélé.
Mazoto hianao.	Tu es zélé.
Mazoto izy.	Il est zélé.
Mazoto isika.	Nous sommes (tous) zélés.
Mazoto isahay.	Nous sommes (auditeurs exceptés) zélés.
Mazoto hianareo.	Vous êtes zélés.
Mazoto izireo.	Ils sont zélés.

PASSÉ.

Nazoto aho.	J'étais zélé, j'ai été zélé, etc....
Nazoto hianao.	Tu étais zélé, etc.

FUTUR.

Hazoto izy.	Il sera zélé.
Hazoto hianareo.	Vous serez zélés.

IMPÉRATIF.

Mazotoa hianao.	Sois zélé.
Mazotoa izy.	Qu'il soit zélé, etc....
Forme habituelle :	
Fazoto.	Zélé habituellement.

Participe.

Les participes malgaches sont passifs ou non passifs. Leur formation ... assez compliquée ; il n'est pas absolument nécessaire d'en connaître les règle...

Les participes circonstanciels servent à exprimer, sans le secours du prono... relatif, l'action ou l'état et les circonstances diverses de personnes, de lieu, ... temps, etc., qui s'y rattachent.

Leur étude constitue la seule difficulté sérieuse de la langue malgache, on ... peut s'y arrêter dans un travail aussi élémentaire.

Tous les participes non passifs se conjuguent d'après le modèle ci-dessu... Quant aux participes passifs ou circonstanciels, ils se combinent avec le prono... personnel qui exprime l'agent de la manière suivante :

Participe : *Hita*.	Vu.
Hita ko.	Vu par moi.
Hita nao.	Vu par toi, etc....

(Voir les pronoms personnels remplaçant les adjectifs possessifs.)

Adverbe.

Les principaux sont :

Bien.	Tsara.	Souvent.	Mitetika.
Mal.	Ratsy.	Loin.	Lavitra.
Oui.	Eny ; eya.	Près.	Akaiky.
Non.	Tsia.	Quand.	Oviana.
Plus.	Kokoa.	Comment.	Ahoana.
Encore.	Mbola.	Pourquoi.	Nahoana.
Combien.	Firy.	Peut-être.	Angamba.
Assez.	Aoka.	Ensemble.	Miaraka.
Autant.	Heny.	Partout.	Na aiza na aiza.
Où.	Aiza.	Ailleurs.	An'kafa.
Ici.	Aty.	Maintenant.	Ankehitriny.
Là.	Ary, any.	Quelquefois.	Indrindray.
Peu.	Kely, vitsy.	Déjà.	Sahady.
Beaucoup.	Be, maro.	Bientôt.	Atohoato.
Ne... pas.	Aza.	Trop.	Loatra.
Toujours.	Mandrakizay.	Davantage.	Kokoa.
Jamais.	Na oviana na oviana.	Même.	Hiany.

Prépositions.

Avant.	Aloha.	Dessous.	Amhany.
Après.	Aoriana.	Parmi.	Anelanelany.
Devant.	Aloha.	Excepté.	Afatsy.
Derrière.	Ivoho.	Pour.	Ho any.
Avec.	Aminy.	Par.	Amy.
Sans.	Tsy.	Selon.	Ohatra.
A	Any.	Vis-à-vis.	Tandrify.
Dans, dedans.	Anaty, any.	Voici.	Indro.
Hors, dehors.	Ivelany.	A cause de.	Noho.
Dessus.	Ambony.		

Conjonctions.

Ainsi.	Hoe.	Mais.	Fa.
Si.	Raha.	Ou.	Sa.
Ni	Na.	Parce que.	Satria.
Car.	Fa.	Puis.	Dia.
Cependant.	Kanefa, nefa.	D'ailleurs.	Sady.
Et.	Ary, sy, amana.	Que.	Fa.
Lorsque.	Nony.		

Interjections.

D'admiration.	Dre! Adre! Endre! He!
De négation.	Sanatria! Honhon! Hehe!
D'étonnement.	Eny! Hay!

Numération.

Nombres.	Isa.		
1	Iraiky, iray.	80	Valopolo.
2	Roa.	90	Sivifolo.
3	Telo.	100	Zato.
4	Efatra.	101	Iraik'amby zato.
5	Dimy.	111	Iraik'amby ny folo zato.
6	Enina.	200	Roanjato.
7	Fito.	201	Iraik'amby roanjato.
8	Valo.	1.000	Arivo.
9	Sivy.	10.000	Iray alina.
10	Folo.	100.000	Iray hetsy.
11	Iraik'amby ny folo.	1.000.000	Iray tapitr'isa.
12	Roa amby ny folo.	4.345.678	Valo amby ny fitopolo by eninzato sy dimy vo sy efatra alina telo hetsy ary ef tapitr'isa.
13	Telo amby ny folo.		
20	Roapolo.		
21	Iraik'amby roapolo.		
30	Telopolo.	Moitié.	Sasaka; ila.
40	Efapolo.	Tiers.	Fahatelony; ampaha
50	Dimampolo.	Quart.	Fahefany.
60	Enimpolo.	2/5	Roa ampahadimy.
70	Fitopolo.	3/10	Telo ampahafolo.

Calendrier.

Annéé.	Taona.	Nuit.	Alina.
Mois.	Volana.	Soir.	Hariva.
Semaine.	Herin'andro.	Matin.	Maraina.
Jour.	Andro.		

Saison.		Fizarany ny taona.	
Saison froide (mai à août).		Andro ririnina.	
— des pluies (des orages).		Fahavaratra.	
— sèche.		Main-tany.	

Dimanche.	Alahady.	Jeudi.	Alakamisy.
Lundi.	Alatsinainy.	Vendredi.	Zoma.
Mardi.	Talata.	Samedi.	Sabotsy.
Mercredi.	Alarobia.		

Aujourd'hui.	Anio.	Hier.	Omaly.
Demain.	Rahampitso.	Avant-hier.	Afakomaly.
Après-demain.	Afakampitso.		

Monnaies.

La monnaie courante est la pièce de cinq francs en argent (ou piastre) ; l'appoint est fait avec des morceaux de piastres coupés au ciseau. Cependant, les pièces divisionnaires françaises et même la monnaie de billon sont acceptées dans beaucoup d'endroits.

Pièces d'or.		Farantsa volamena.
Pièces d'argent	(de 5 fr.).	Farantsa ; parata ; ariary.
—	(divisionnaires).	Farantsakely.
1/2 piastre	(2 fr. 50).	Loso.
1/4 de piastre	(1 fr. 25).	Kirobo.
1/8 —	(0 fr. 625).	Sikajy.
1/24 —	(0 fr. 20 environ).	Voamena.
1/48 —	(0 fr. 10)	Ilavoamena.
1/720 —	(0 fr. 007).	Variraiventy.

Mesures de longueur.

Brasse.	Refy.
1/2 brasse, yard.	Mamakitatra.
Empan.	Jeky.

Points cardinaux.

Le Nord.	Avaratra.	L'Est.	Atsinanana.
Le Sud.	Atsimo.	L'Ouest.	Andrefana.

Maladies. Infirmités.	Aretina. Fahosana.		
		Lèpre.	Boka.
		Louche.	Njola-maso.
		Malade.	Marary ; Farofy.
Aveugle.	Jamba.	Maladie.	Aretina.
Boiteux.	Mpandringa.	Menstrues.	Isam-bolana.
Blessé.	Maratra.	Muet.	Moana.
Borgne.	Toka'maso.	Ophtalmie.	Marary maso.
Bossu.	Vokoka.	Plaie.	Fery.
Cholérine.	Harokaty.	Peste.	Areti'mifindra.
Cicatrices.	Holatra.	Rhume.	Sery.
Coliques.	Mandalo.	Rhumatisme.	Rohana.
Contusions.	Mangana.	Rougeole.	Kitrotro.
Constipation.	Farona.	Syphilis.	Kibay.
Coupure.	Didy.	Sourd.	Mafy sofina.
Dysenterie.	Fivalanan-dra.	Teigne.	Tsindoha.
Diarrhée.	Ehitra, Fivalanana.	Tousser.	Mikohaka.
Epilepsie.	Androbe.	Tumeur.	Mivonto.
Fièvre.	Tazo.	Uréthrite.	Angatra.
Gale.	Hadina.	Ver solitaire.	Sakoitra.
Hydropisie.	Manirano.	Variole.	Nendra.
Indigestion.	Voankanina.	Vermine.	Hao.
Ivre.	Mamo.	Vomissement.	Loa.
Ivrogne.	Mpimamo.	Vomir.	Mandoa.

**

Fianakaviana.
Olona.

Fanahy.
Volombava.
Vazaha.
Vava.
Sandry.
Nofo.
Volo; Volon-doha.
Fo.
Vatana.
Vozona.
Karan-doha.
Fe.
Nify.
Vody.
Ankikely.
Rantsan-tanana.
Lamosina.
Soroka.
Vady lahy.
Vady.
Vavafo; Vavony.
Vehivavy.
Tarehy, Tava.
Zana'bavy.
Zana'dahy.
Zoky.
Zandry.
Aty.
Vinanto.
Lohalika.
Tenda.
Raibe.
Lehilahy.
Ranjo.
Lela.
Ranomaso.
Molotra.
Tanana.
Tompo.
Rantsan-vatana.
Lataka.
Saoka.
Reny.
Vavorona.
Nerifa.
Orona.
Maso.
Hoho.
Sofina.
Taolana.
Hoditra.
Ray.

Petit-fils.	Zafy.
Pied.	Tongotra.
Poitrine.	Tratra.
Pouce.	Ankibe.
Salive.	Ivy.
Sang.	Ra.
Seins.	Nono.
Sœur.	Anabavy.
Sueur.	Tsemboka.
Talon.	Vodi-tongotra.
Testicules.	Tabory.
Tête.	Loha.
Ventre.	Kibo.
Veuf.	Maty vady.
Vieillard.	Antidahy.
Vieille.	Antibavy.
Voix.	Feo.
Visage.	Tarehy.

Maison. — **Trano.**

Angle.	Zoro.
Bain.	Fandroana.
Banc.	Sezalava.
Chaise.	Seza.
Chambre.	Efitrano.
Charpente.	Rafitra.
Chaux.	Sokay.
Clou.	Fantsika.
Couverture.	Lambamafana.
Cuisine.	Fahandroan'Kanina.
Escalier.	Tohatra.
Fenêtre.	Varavaran-Kely.
Lit.	Farafara; Fandriana.
Marché.	Tsena.
Matelas.	Kidoro.
Mur.	Manda.
Muraille	Manda.
Natte.	Tsihy.
Oreiller.	Ondana.
Palais.	Lapa.
Palissade.	Rova.
Paroi.	Rindrina.
Pierre.	Vato.
Pilier.	Tohana.
Portail.	Andobalambo.
Porte.	Varavaram-be.
Route.	Lalana.
Sable.	Fasika.
Table.	Latabatra.
Toit.	Tafon-trano.
Tuiles.	Tani-manga.
Village.	Tanàna.

Animaux.	Biby.		
beille.	Renitantely.	Sauterelle.	Valala.
gneau.	Zanak'Ondry.	Scorpion.	Maingoka.
igle.	Voromahery	Serpent.	Bibilava.
ile.	Elatra.	Singe.	Rajako, Maky.
louette.	Sorohitra.	Souris.	Totozy.
ne.	Boriky.	Taureau.	Ombalahy.
nguille.	Amalona.	Tortue.	Sokatra.
raignée.	Hala.	Vache.	Ombivavy.
ec.	Vavamborona.	Veau.	Zanak'omby.
œuf.	Omby.	Ver.	Kankana.
ouc.	Osilahy.	Ver à soie.	Bibindandy.
rebis.	Ondrivavy.		
aille.	Papelika.	Terre.	Tany.
aïman.	Vohay ; Mamba.	Plantes.	Zava'maniry.
anard.	Vorombazaha; An-gatra.	Métaux.	Métaly.
ent-pieds.	Trambo.	Acier.	Tsy.
hat.	Saka ; Posy.	Arbre.	Hazo.
hauve-souris.	Fanihy ; Manavy.	Ardoise.	Solaitra.
heval.	Soavaly.	Argent.	Volafotsy.
hèvre.	Osivavy.	Bambou.	Volo.
hien.	Kivahy ; Amboa.	Bois.	Hazo.
oq.	Akoho.	Branche.	Rantsana.
orbeau.	Goaika.	Campagne.	Saha.
orne.	Tandroka.	Canne à sucre.	Fary.
revette.	Patsa.	Champ.	Saha.
inde.	Vorontsiloza.	Chanvre.	Rongony.
crevisse.	Orana.	Charbon.	Arina.
ourmi.	Vitsika.	Chaux.	Sokay.
renouille.	Sahona	Chemin.	Lalana.
érisson.	Sokïna.	Citron.	Voasary.
ibou.	Voron-Dolo.	Cocotier.	Voaniho.
pin.	Bitro.	Colline.	Tanety.
zard.	Androngo.	Cresson.	Anandrano.
ouche.	Lalitra.	Cuivre.	Varahina.
oucheron.	Moka.	Descente.	Fidinana.
oustique.	Moka.	Etain.	Fira-potsy.
outon.	Ondry.	Fer.	Vy.
œuf.	Atody.	Fer (Fil de).	Taroby.
c.	Vorombe.	Fer-blanc.	Vy fotsy.
pillon.	Lolo.	Feuille.	Ravina.
rdrix.	Tsipoy.	Fleur.	Vony.
rroquet.	Boezabe.	Forêt.	Ala.
geon.	Voromahailala.	Fruit.	Voa.
ntade.	Akanga.	Herbe.	Ahitra.
isson.	Hazandrano.	Ile.	Nosy.
rc.	Lambo ; Kisoa.	Jardin.	Tanimboly.
ule.	Akohovavy.	Maïs.	Katsaka.
ce.	Parasy.	Montagne.	Tendrombohitra.
naise.	Kongona.	Montée.	Fiakarana.
t.	Voalavo.	Or.	Volamena.
ngsue.	Dinta.	Pierre.	Vato.
rcelle.	Tsiriry.	Plaine.	Lemaka.
		Plantation.	Voly.
		Plateau.	Tanety lemaka.

Plomb.	Firaka.	Vague.	Onjan'drano.
Poussière.	Vovoka.	Vaisseau.	Sambo.
Rizière.	Tanimbary.	Vaisseau à vapeur.	Sambo setroka.
Rocher.	Vatolampy.	Vaisseau de guerre.	Sambo mpiady.
Roseau.	Volotara.	Vapeur.	Evoka.
Sable.	Fasika.		
Salpêtre.	Naitrara.	**Aliments.**	**Hanina.**
Soufre.	Solifara.		
Trou.	Lavaka.	Banane.	Akondro.
Vallée.	Lohasaha.	Blé.	Varimbazaha.
Zinc.	Fanitso.	Bouillon.	Ro.
		Café.	Kafe.
Le ciel.	**Lanitra.**	Champignon.	Olatra.
		Cresson.	Anandrano.
Air.	Rivotra.	Fromage.	Ronono mandry
Arc-en-ciel.	Antsiben andria- manitra.	Gâteaux.	Mofomamy.
		Gingembre.	Sakarivo.
Brouillard.	Zavona.	Haricot.	Tsaramaso.
Eclair.	Helatra.	Jus.	Ro.
Etoile.	Kintana.	Lait.	Ronono.
Feu.	Afo.	Légume.	Anana.
Flamme.	Lelafo.	Mangue.	Manga.
Fumée.	Setroka.	Miel.	Tantely.
Lumière.	Fahazavana.	Pain.	Mofo.
Lune.	Volana.	Patate.	Ovy.
Lune (nouvelle).	Tsinambolana.	Piment.	Sakay.
Lune (pleine).	Fenomanana.	Pomme de terre.	Ovimbazaha.
Nuage.	Rahona.	Raisin.	Voaloboka.
Orage.	Orambaratra.	Rhum.	Toaka.
Pluie.	Ranonorana.	Riz.	Vary.
Soleil.	Masoandro.	Sel.	Sira.
Tonnerre.	Varatra.	Sucre.	Siramamy.
		Thé.	Dite.
L'eau.	**Rano.**	Viande.	Hena.
		Vin.	Divay.
Canal.	Lakan'drano.		
Embouchure.	Vavarano.	**Ustensiles.**	**Fanaka.**
Glace.	Ranomandry.		
Grêle.	Havandra.	Aiguille.	Fanjaitra.
Gué.	Fitana.	Assiette.	Lovia.
Mer.	Ranomasina.	Balai.	Kofafa.
Pagaie.	Fivoy.	Bois à brûler.	Kitay hazo.
Pilote.	Mpitari'dalantsam- bo.	Ceinture.	Fehi-kibo.
		Chapeau.	Satroka.
Pirogue.	Lakana.	Coton.	Landihazo.
Pluie.	Orana.	Couteau.	Antsy.
Pompe.	Basirano.	Cruche.	Siny.
Port.	Fitadian-tsambo.	Cuiller.	Sotro.
Puits.	Fantsakana.	Encre.	Ranomainty.
Rameur.	Mpivoy.	Fil.	Foly.
Rivage.	Sisiny.	Fourchette.	Forosety.
Rivière.	Renirano.	Lunette.	Masolavitra.
Rosée.	Ando.	Miroir.	Fitaratra.
Source.	Loharano.	Natte.	Tsihy.
Tempête.	Tafio-drivotra.	Plat.	Vilia.

Plume.	Pilimo.
Papier.	Taratasy.
Soie.	Landy.
Salière.	Fitoeran'tsira.
Souliers.	Kiraro.
Tabac.	Paraky.
Tamis.	Sivana.
Tasse.	Kapoaka.
Toile.	Lamba.
Verre.	Vera.

Armes. Outils.
Fiadiana. Fiasana.

Balle.	Bala.
Bêche.	Angady.
Bouclier.	Ampinga.
Boulet.	Balantafondro.
Canif.	Antsikely.
Canon.	Tafondro.
Ciseaux.	Hety.
Couteau.	Antsy.
Enclume.	Riandriana.
Equerre.	Laikera.
Faucille.	Antsimbary.
Filet.	Fintana.
Flèche.	Zana'tsipika.
Fortification.	Manda.
Fourreau.	Trano.
Fusil.	Basy.
Fusil (charger un).	Mamaham-basy.
Hache.	Antsibe.
Hameçon.	Fintana.
Marteau.	Tantanana.
Pelle.	Lapely.
Pioche.	Angady.
Pistolet.	Basipoleta.
Poignard.	Antsifohy.
Poudre.	Vanja.
Rame.	Fivoy.
Rempart.	Manda.
Sabre.	Sabatra.
Sagaie.	Lefona.

Autres substantifs.
Anaran'javatra hafa.

Acheteur.	Mpividy.
Addition.	Adisanina.
Ami.	Sakaiza.
Amende.	Sazy.
Armes.	Fiadiana.
Amitié.	Fitia.
Amour.	Fitiavana.
Ancêtres.	Razana.

Attention.	Fikaliana.
Balance.	Mizana.
Bataille.	Ady.
Beauté.	Hatsarana.
Berger.	Mpiandry.
Biens.	Fananana.
Blessure.	Ratra.
Bonheur.	Hasambarana.
Boîte.	Vata.
Bonté.	Hatsarana.
Bourgeois.	Borizany.
Bruit.	Neno.
Cadeau.	Fanomezana.
Camp.	Lasy.
Caste.	Firenena.
Causeur.	Mpiresaka.
Cavalier.	Mpitaingin-tsoavaly.
Ceinture.	Fehi-kibo.
Cendre.	Lavenona.
Chaîne.	Gadra.
Chaise à porteurs.	Filanjana.
Chant.	Hira.
Chanteur.	Mpihira.
Chef.	Lehibe.
Cire.	Savoka.
Clitoris.	Tsilingy.
Clou.	Fantsika.
Commandement.	Didy.
Confiance.	Toky.
Consonne.	Reni-tsoratra.
Conte.	Angano.
Corbeille.	Harona.
Corde.	Kofehy.
Côté.	Ila.
Coup.	Kapoka.
Coutume.	Fomba.
Crime.	Heloka.
Criminel.	Meloka.
Cuir.	Hoditra.
Danse.	Dihy.
Défaut.	Tsininy.
Demande.	Fangatahana.
Déserteur.	Mpikomy.
Dette.	Trosa.
Deuil.	Fisaonana.
Dieu.	Andriamanitra.
Dispute.	Akisa.
Distance.	Halavitra.
Division.	Fizarana.
Domestique.	Mpanompo.
Don.	Fanomezana.
Douceur.	Hamamy.
Douleur.	Tevika.
Drap.	Lopotra.

Français	Malgache
Echelle.	Tohatra.
Echelon.	Zana'tohatra.
Ecole.	Trano fianarana.
Ecriture.	Soratanana.
Elève.	Mpianatra.
Ennemis.	Fahavalo.
Ennuque.	Olom-bositra.
Erreur.	Fahadisoana.
Esclaves.	Andevo.
Espion.	Tily.
Etat.	Toetra.
Etranger.	Vahiny.
Européen.	Vazaha.
Expédition.	Tafika.
Excréments.	Tay.
Faim.	Hanoanana.
Famille.	Fianakaviana.
Fatigue.	Hasasarana.
Faute.	Fahotana.
Fête.	Fifaliana.
Feu.	Afo.
Fidélité.	Fahatokiana.
Fin.	Farany.
Flamme.	Lelafo.
Flatterie.	Doka.
Flûte.	Sodina.
Folie.	Hadalana.
Force.	Hery.
Forgeron.	Mpanefy.
Fort.	Manda, batery.
Gain.	Tombo.
Gardien.	Mpiambina.
Gibier.	Haza.
Gloire.	Voninahitra.
Grandeur.	Habe.
Grenier.	Sompitra.
Guerre.	Ady.
Guide.	Mpanoro.
Guitare.	Valiha.
Habitant.	Mponina.
Honte.	Henatra.
Hypocrite.	Mpihatsaravelatsihy.
Idole.	Sampy.
Innocence.	Hadiovana.
Intelligence.	Saina.
Intérêt.	Zana'bola.
Interprète.	Mpandika.
Ivresse.	Hamamo.
Jalousie.	Alona.
Jeu.	Lalao.
Joie.	Hafaliana.
Juge.	Mpitsara, andriambaventy.
Jugement.	Fitsarana.
Laine.	Volon-ondry.
Langage.	Fiteny.
Largeur.	Sakany.
Leçon.	Fianarana.
Lecture.	Famakiana.
Lettre alphabétique.	Soratra.
Lettre épistolaire.	Taratasy.
Liberté.	Filibàna.
Lien.	Fehy.
Livre.	Taratasy..
Loi.	Lalàna.
Longueur.	Halavany.
Lumière.	Hazavana.
Maître.	Tompo.
Maçon.	Tambato.
Malheur.	Loza.
Mariage.	Fanambadiana.
Marchand.	Mpivarotra.
Mât.	Salazana.
Méchanceté.	Haratsiana.
Médecin.	Mpanao fanafody.
Mélange.	Haro.
Mémoire.	Fahatsiarovana.
Mendiant.	Mpangataka.
Mensonge.	Lainga.
Menteur.	Mpandainga.
Menuisier.	Mpandefitra.
Mets.	Nahandro.
Mœurs.	Fanao.
Moisson.	Fijinjam-bary.
Moissonneur.	Mpijinja.
Mort.	Fahafatesana.
Multiplication.	Fampitomboana.
Nation.	Firenena.
Navire.	Sambo.
Nobles.	Andriana.
Nom.	Anarana.
Nombre.	Isa.
Nourriture.	Hanina.
Nouvelle.	Zava'baovao.
Obéissance.	Fanaikena.
Obscurité.	Hamaizinana.
Odeur.	Fofona.
Officier.	Manamboninahitra.
Ombre.	Aloka.
Ordre { Arrangement.	Voatra.
Ordre { Commandement.	Didy.
Ordure.	Haloto.
Origine.	Fototra.
Orgueil.	Fiavonana.
Ouvrier.	Mpiasa.

Page.	Takelaka.	Roi, Reine.	Mpanjaka.
Panier.	Sobika.	Roturiers.	Hova.
Papier.	Taratasy.	Royaume.	Fanjakana.
Paquet.	Entana.	Sage-femme.	Mpampivelona.
Parasol.	Elo.	Sagesse.	Fahendrena.
Paratonnerre.	Fandri-baratra.	Salaire.	Karama.
Paresse.	Hakamoana.	Salutation.	Arahaba.
Parfum.	Hanitra.	Santé.	Hasalamana.
Parole.	Teny.	Science.	Fahaizana.
Part.	Anjara.	Semeur.	Mpamafy.
Pas.	Dia.	Soldat.	Miaramila.
Passion.	Filana.	Soustraction.	Fanjalana.
Patrie.	Tanin-drazana.	Statue.	Sary olona.
Paysan.'	Ambanivohitra.	Soif.	Hetaheta.
Peine.	Fahoriana.	Souffrance.	Fijaliana.
Pensée.	Hevitra.	Tableau.	Sary.
Péril.	Loza.	Tambour.	Amponga.
Perle.	Vakana.	Tapage.	Tabataba.
Personne.	Olona.	Témoin.	Vavolombelona.
Peuple.	Vahoaka.	Tristesse.	Alahelo.
Peur.	Fangovitana.	Vagabond.	Amboalambo.
Piège.	Fandrika.	Vente.	Fivarotana.
Pillage.	Fandravana.	Victoire.	Fandresena.
Pillard.	Mpamabo.	Vie.	Aina.
Pitié.	Fiantrana.	Vierge.	Tsy mahalala lahy.
Place { publique.	Kianjo.	Violence.	Fanerana
Place { Emplace- ment.	Fitoerana.	Visite.	Famangiana.
Plaisanterie.	Vosotra.	Voile.	Lay.
Plaisir.	Hafaliana.	Vol.	Halatra.
Pleurs.	Ranomaso.	Vol (d'oiseau).	Fanidina.
Plume (d'oiseau).	Volom-borona.	Voleur.	Mpangalatra.
Poids.	Vesatra.	Voyage.	Fandehanana.
Poil.	Volovolo.	Voyageur.	Vahiny.
Poison.	Mosavy.	Voyelle.	Zanatsoratra.
Porteur.	Mpilanja, borizany.	Zèle.	Fahazotoana.
Prince.	Andriana.		
Prison.	Tranomaizina.		

Adjectifs.

Prisonnier.	Sambotra.	Adroit.	Mailaka.
Professeur.	Mpampianatra.	Aimable.	Mahatehotia.
Profit.	Tombo.	Amer.	Mangidy.
Profondeur.	Halaliny.	Avare.	Mahidy.
Prudence.	Fitandremana.	Bavard.	Basivava.
Protection.	Fiarovana.	Beau.	Tsara.
Puanteur.	Aimbo.	Bienfaisant.	Miantra.
Puiseur d'eau.	Mpantsaka.	Blanc.	Fotsy.
Punition.	Famaizana.	Bleu.	Manga.
Qualité.	Hatsarana.	Bon.	Tsara fo.
Querelle.	Ady.	Brave.	Ampingalahy.
Querelleur.	Fiadina.	Brigand.	Jiolahy.
Question.	Fanontaniana.	Carré.	Efa'joro.
Race.	Taranaka.	Chaud.	Mafana.
Raillerie.	Haraby.	Cher (de prix).	Saro'bidy.
Respect.	Fanajana.	Chéri.	Malala.
		Clair.	Mazava.

Confiant.	Matoky.	Libre.	Malalaka.
Constant.	Maharitra.	Lourd.	Mavesatra.
Content.	Faly.	Malade.	Marary.
Contrarié.	Manahirana.	Maladroit.	Kavia.
Coupable.	Meloka.	Mâle.	Lahy.
Courageux.	Be herim-po.	Malheureux.	Mahantra.
Court.	Fohy.	Mauvais.	Ratsy.
Débauché.	Angelingely.	Maigre.	Mahia.
Dernier.	Farany.	Médisant.	Mpifosa.
Différent.	Hafa.	Mince.	Madinika.
Difficile.	Sarotra.	Modeste.	Maotona.
Doux.	Malemy.	Mûr.	Masaka.
Droit.	Mahitsy.	Mort.	Maty.
Envieux.	Mpialona.	Négligent.	Tsy mitandrina.
Facile.	Mora.	Noir.	Mainty.
Fâché.	Tezitra.	Nouveau.	Vaovao.
Faible.	Osa.	Obéissant.	Manaiky.
Fatigué.	Sasatra.	Obscur.	Maizina.
Femelle.	Vavy.	Obstiné.	Maditra.
Flatteur.	Mpandoka.	Orgueilleux.	Mpiavonavona.
Fort.	Mahery ; Matan-jaka.	Passionné.	Lefaka.
		Pauvre.	Mahantra.
Fou.	Adala.	Paresseux.	Kamo.
Fourbe.	Mpamitaka.	Perfide.	Mametsy.
Froid.	Mangatsiaka.	Petit.	Kely.
Gai.	Falifaly.	Peureux.	Saro'tahotra.
Glorieux.	Be voninahitra.	Premier.	Voalohany.
Grand.	Be.	Prostituée.	Vehivavy mpijan-gajanga.
Haut.	Avo.		
Heureux.	Sambatra.	Puant.	Maimbo.
Honteux.	Menatra.	Puissant.	Matanjaka.
Humide.	Mando.	Plein.	Feno.
Ignorant.	Tsy mahay.	Railleur.	Mpamosotra.
Impossible.	Tsy azo.	Reconnaissant.	Mankasitraka.
Imprudent.	Adala.	Respectueux.	Mahay manaja.
Impatient.	Tsy mahalefitra.	Riche.	Manan'karena.
Indécent.	Mahamenatra.	Rond.	Vory.
Infidèle.	Tsy mahatoky.	Rouge.	Mena.
Ingrat.	Tsy mankasitraka.	Rude.	Mafatra.
Innocent.	Marina.	Sacré.	Fady.
Insolent.	Avo vava.	Sage.	Hendry.
Intelligent.	Be saina.	Saint.	Masina.
Injuste.	Tsy marina.	Sauvage.	Haolo.
Irrité.	Tezitra.	Savant.	Mpahay.
Ivre.	Mamo.	Sec.	Maina.
Jaloux.	Mialona.	Semblable.	Tahaka.
Jaune.	Vony.	Sensible.	Sarotiny.
Jeune.	Tanora.	Stérile.	Tsy mamoa.
Joyeux.	Faly.	Studieux.	Misaina.
Juste.	Marina.	Surprenant.	Mahagaga.
Lâche.	Kaosy.	Terrible.	Mahatahotra.
Laid.	Ratsy tarehy.	Tranquille.	Miadana.
Large.	Malalaka.	Triste.	Malahelo.
Léger.	Maivana.	Utile.	Mahasoa.
Lent.	Tsy haingana.	Vaillant.	Mahery fo.

Vieux.	Antitra.	Brûler.	Mandoro.
Vite.	Faingana.	Cacher.	Manafina.
Vivant.	Velona.	Cacheter.	Mandoko.
Vorace.	Tendana.	Camper.	Milasy.
Zélé.	Mazoto.	Casser.	Mamifika.
		Cesser.	Mijanona.

Verbes.

		Changer.	Miova.
		Chanter.	Mihira.
Abaisser.	Manambany.	Chasser.	Mihaza.
Abandonner.	Mamoy.	Chauffer.	Mitanika.
Aboyer.	Mivovo.	Chercher.	Mitady.
Accoucher.	Miteraka.	Choisir.	Mifidy.
Accoupler.	Mampivady.	Commander.	Mandidy.
Acheter.	Mividy.	Commencer.	Mandoha.
Achever.	Manapitra.	Comprendre.	Mahazo; (p.), Azo,
Affranchir.	Mandefa.		Mahafantatra.
Aider.	Manampy.	Compter.	Manisa.
Aimer (1).	(P.) Tia.	Connaître.	Mahalala, Mahafan-
Aller.	Mandeha, Man-		tatra; (p.), Fan-
	kany.		tatra.
Aller à la selle.	Miavela ; Mangery.	Consentir.	Manaiky.
Amener.	Mitondra.	Conserver.	Mitahiry.
Animer.	Mamelona.	Contrarier.	Manahirana.
Apparaître.	Miposaka.	Couler.	Mandriaka.
Appeler.	Miantso.	Couper.	Manapaka.
Apporter.	Mitondra.	Cracher.	Mandrora.
Apprendre.	Mianatra.	Craindre.	Matahotra.
Arrêter.	Manjanona.	Creuser.	Mandavaka.
Arroser.	Manondraka.	Croire.	Mino.
Arrêter (S').	Mijanona.	Croître.	Mitombo.
Asseoir (S').	Mipetraka.	Cuire.	Mahandro.
Attacher.	Managadra.	Danser.	Mandihy.
Attendre.	Miandry.	Déchaîner.	Manalagadra.
Attirer.	Mitarika.	Déchirer.	Mandratra.
Augmenter.	Mitombo.	Défendre.	Miaro.
Avaler.	Mamitsoka.	Demander.	Mangataka.
Avancer.	Mandroso.	Déjeuner.	Misakafo.
Avertir.	Mananatra.	Descendre.	Midina.
Avoir.	Manana.	Déserter.	Mandositra.
Baigner (Se).	Mandro.	Déshabiller (Se).	Miala akanjo.
Bâiller.	Manoaka.	Détruire.	Mandevona.
Balancer.	Manevingevina.	Dîner.	Misakafo.
Bâtir.	Mandrafitra.	Dire.	Milaza.
Balayer.	Mifafa.	Distribuer.	Mizara.
Battre.	Mikapoka.	Disputer.	Miady hevitra.
Battre (Se).	Miady.	Diviser.	Mizara.
Bivouaquer.	Milasy.	Donner.	Manome; (p.) ome.
Blanchir.	Manafotsy.	Dormir.	Matory.
Blesser.	Mandratra.	Eclairer.	Manazava.
Boire.	Misotro.	Ecouter.	Mihaino; (p.) hai-
Bouillir.	Mangotraka.		no).
Briller	Mamelatra.	Ecrire.	Manoratra.

(1) La lettre (p) indique un participe se conjuguant avec les pronoms personnels compléments : *tia ko*, aimé par moi, j'aime.

Français	Malgache	Français	Malgache
Elever.	Manambony.	Mépriser.	Manetra.
Embarquer.	Manondrana.	Mettre.	Manisy.
Emigrer.	Mifindra tany.	Mesurer.	Mandrefy.
Emporter.	Mitondra.	Monter.	Miakatra
Enchaîner.	Managadra.	Montrer.	Mamosaka.
Enfermer.	Manidy.	Moquer (se).	Manaraby.
Entendre.	Mandre; (p.) re.	Mordre.	Manaikitra.
Enterrer.	Mandevina.	Mourir.	Maty.
Entrer.	Miditra; miantrano.	Naître.	Teraka.
Envoyer.	Maniraka.	Nager.	Mandano.
Enseigner.	Mampianatra.	Nettoyer.	Manadio.
Espionner.	Mitily.	Nier.	Mandà.
Essuyer.	Mifafa.	Nommer.	Manao anarana.
Eteindre.	Mamono afo.	Noyer.	Maty an-drano.
Eternuer.	Mikefona.	Obéir.	Manaiky.
Etudier.	Mianatra.	Oublier.	Manadina.
Expulser.	Mamoaka.	Parler.	Miteny.
Faire.	Manao; (p.) atao.	Partager.	Mizara.
Fendre.	Mamaky.	Partir.	Mandeha.
Fermer.	Manidy.	Passer.	Mandalo.
Finir.	Manapitra.	Passer l'eau.	Mita.
Flatter.	Mandoka.	Payer.	Mandoa.
Fourbir.	Manorana.	Pêcher.	Manjono.
Frapper.	Mikapoka.	Penser.	Mihevitra.
Fuir.	Mandositra.	Perdre.	Mahavery.
Garder.	Miambina.	Percer.	Mandohaka.
Gratter.	Mihaotra.	Peser.	Mandanja.
Grimper.	Mananika.	Piler (le riz).	Mitoto.
Grossir.	Mihiabe.	Piller.	Mandroba.
Grandir.	Mihiabe.	Plaindre.	Malahelo.
Guider.	Manoro.	Plaisanter.	Mamosotra.
Habiller.	Miakanjo.	Placer.	Mametraka.
Imiter.	Manaraka.	Planter.	Mamboly.
Indiquer.	Manendry.	Pleurer.	Mitomany.
Informer.	Mampandre.	Pleuvoir.	Manorana.
Insulter.	Mandatra.	Plonger.	Maniritra.
Interroger.	Manontany.	Porter.	Mitondra.
Jeter.	Mitoraka.	Pousser.	Manosika.
Jouer.	Milalao.	Pousser (plantes).	Maniry.
Juger.	Mitsara.	Pouvoir.	Mahazo.
Lancer.	Mitoraka.	Préférer.	Mifidy.
Laver.	Manasa.	Prendre.	Maka.
Libérer.	Manavotra.	Préparer.	Mamboatra.
Lier.	Mifeby.	Prêter.	Mampisambotra.
Lire.	Mamaky.	Prier.	Mivavaka.
Lever (se).	Mifoha; mitsangana.	Produire.	Mamoa.
Mâcher.	Manomoka.	Promettre.	Manome teny.
Manger.	Mihinana.	Protéger.	Miaro.
Marcher.	Mandeha.	Puer.	Maimbo.
Marier (se).	Mivady.	Pulvériser.	Manorotoro.
Mélanger.	Mangaro.	Punir.	Manasazy.
Menacer.	Manambana.	Quereller.	Mandrafitra.
Mendier.	Mangataka.	Questionner.	Manontany.
		Railler.	Manaraby.
		Ramer.	Mivoy.

Recevoir.	Mandray; (p.) ray.	Sortir.	Mivoaka.
Récolter.	Mahavokatra.	Souffrir.	Mijaly.
Récompenser.	Mamaly soa.	Souffler (vent).	Mitrefona.
Réfléchir.	Mihevitra.	Souvenir (se).	Mahatsiaro.
Refuser.	Mandà.	Sucer.	Mifiaka.
Regarder.	Mijery.	Suivre.	Manaraka.
Réjouir (se).	Mifaly.	Supporter.	Miaritra.
Remplacer.	Misolo.	Surprendre.	Mahatratra.
Remplir.	Mameno.	Surveiller.	Miambina.
Remuer.	Manetsika.	Taire (se).	Mangina.
Rencontrer.	Mifanena.	Tenir.	Mitana.
Rendre.	Mamody.	Teter.	Minono.
Rentrer.	Miditra.	Tirer.	Mitifitra.
Renverser.	Mamotitra.	Tisser.	Mandrary.
Renvoyer.	Mampody.	Tomber.	Milatsaka.
Réparer.	Mamboatra.	Tourner.	Mamadika.
Répéter.	Milaza indray.	Traduire.	Mandika-teny.
Répondre.	Mamaly.	Trahir.	Mikomy.
Reposer.	Miankina.	Travailler.	Miasa.
Respecter.	Manaja.	Trembler.	Mangovitra.
Respirer.	Miaina.	Tresser.	Mandrary.
Rester.	Mitoetra.	Tromper.	Mamitaka.
Retourner.	Mody; miverina.	Tuer.	Mamono.
Réussir.	Midà.	Uriner.	Mamany.
Rire.	Mihomehy.	Veiller.	Mitandrina.
Salir.	Mandoto.	Vendre.	Mivarotra.
Saluer.	Miarahaba.	Venir.	Mankaty.
Sauter.	Mipika.	Vider.	Manafoana.
Sauver (se).	Mandositra.	Viser.	Mikendry.
Savoir.	Mahay; (p.) hay.	Visiter.	Mamangy.
Séduire.	Mandrobo.	Vivre.	Mivelona; miaina.
Semer.	Mamafy.	Voir.	Mahita; (p.) hita.
Sentir { bon.	Manitra.	Voler.	Mangalatra.
Sentir { mauvais.	Maimbo.	Voler (oiseaux).	Manidina.
Séparer.	Manasaraka.	Vouloir.	(P.) tia.
Servir.	Manampo.	Voyager.	Mivahiny.
Siffler.	Misiaka.		

Construction des phrases.

La construction est logique : le sujet, le verbe, les compléments. Cependant on met souvent le sujet après le verbe, lorsqu'il n'est pas le mot le plus important de la phrase. L'adjectif et l'adverbe se placent après le mot qu'ils qualifient ou modifient.

Il est facile de construire des phrases auxquelles une réponse nette s'impose. Connaissant le nom malgache de l'objet dont on parle (on le trouvera dans l'une des listes) et les expressions courantes suivantes, le premier venu se tirera facilement d'affaire.

Phrases interrogatives.	Y a-t-il	du riz ?
	Misy va	vary ?
	Où est	la rivière ?
	Aiza	ny renirano ?
	Fantatr'ao	connaissez-vous ?
	An'iza ity	à qui ce ... ces ?
	Hita nao	avez-vous vu ?

Phrases impératives.	Donnez-moi	du riz ?
	Omeo.....................	vary.
	Apportez.................	de la viande.
	Itondray	hena.
	Montrez	le chef.
	Atoroy...................	ny lehibe.
	Je veux	(te) avec le futur.
	Faites...................	ataovy.

A toutes ces phrases il peut être répondu : oui (*eny* ou *eya*); non (*tsia*); il y a (*misy*), il n'y a pas (*tsy misy* ou *tsisy*); ou bien : je ne sais pas (*asa* ou *tsy hay ko*); je ne connais pas (*tsy fanta'ko*). Si l'interlocuteur ne répondait pas nettement, insister en disant : *misy, sa tsia ?* (y a-t-il, ou non ?).

Les quelques phrases suivantes, qui se rapportent à des objets déterminés, pourront servir d'exemple pour les entretiens roulant sur des sujets plus compliqués.

Phrases élémentaires.

Demander le chemin.	Mangata'dalana ; manontany lalana.
Où est le chemin de...	Aiza ny lalana mankany...
Vous vous trompez de chemin.	Diso lanana hianao.
Montrez-moi le chemin.	Atoroy ny lalana ahy.
Ce chemin conduit à...	Ity lalana ity mankany...
Le chemin est-il bon ?	Tsara va ny lalana ?
Quel est le chemin le plus long ?	Iza no lalana lavitra indridra ?
Quel est le chemin le plus court?	Iza no lalana haingana indrindra ?
Le village est-il loin ?	Lavitra va ny tanàna ?
Où est-il par rapport à Tananarive ?	Aiza ho aiza an'Antananarivo ?
Quelle distance y a-t-il ?	Hoatrinona no halavirana ?
Environ 8 jours de marche.	Tokony ho lalana havaloan'andro.
J'ai perdu le chemin.	Diso lalana aho.
Je vais à...	Handeha ho any... aho.
Je pars demain.	Rahampitso handeha aho.
Quand partez-vous ?	Rahoviana handeha hianao ?
Resterez-vous longtemps ?	Ho ela va hianao ?
Le chemin est-il difficile ?	Sarotra va ny lalana ?
Y a-t-il des villages sur la route ?	Misy tanàna va { an'dalana ? / any lalana ?

Questionner. Répondre.	**Manontany. Mamaly.**
Qui { es-tu ? / êtes-vous ? }	Iza hianao ?
Qui est là ?	Iza izao ?
Y a-t-il quelqu'un ?	Misy va olona ?
Il n'y a personne.	Tsy misy olona.
Où est votre maître ?	Aiza ny tompo nao ?
Quelqu'un que je ne connais pas.	Olona tsy fanta'ko.
Il est sorti.	Efa niala izy.
Le connaissez-vous ?	Moa fantatr'ao izy ?
Demandez-lui son nom.	Manontania ny anara'ny.

Comment vous appelez-vous ?	Iza ny anara'nao ?
Où êtes-vous né ?	Taiza nitera'nao ?
Comment s'appelle cet homme ?	Iza ny anarany ity lehilahy ity ?
Comment s'appelle cette chose ?	Inona ny anarany ity zavatra ity ?
Que voulez-vous ?	Inona tia nao ?
Parlez haut.	Mitenena mafy.
Je désire vous parler.	Te hiteny amy nao aho.
Comprenez-vous mes paroles ?	Fantatr'ao va ny teny ko ?
Ecoutez-moi.	Henoy aho.
J'ai quelque chose à vous dire.	Misy zavatra ho lazai'ko amy nao.
Approchez davantage.	Manakaïke kokoa.
Je ne parle pas.	Tsy miteny aho.
Entendez-vous ?	Mahare va hianao ?
Avez-vous bien compris mes paroles ?	Efa azo nao tsara ny teny ko ?
Je ne vous ai pas compris.	Tsy azo ko ny teny nao.
Je ne comprends pas votre langage.	Tsy fanta'ko ny teny nao.
Répétez.	Lazao indray.
Parlez lentement.	Mitenena miadanadana.
Je ne sais pas.	Asa ; tsy fantatr'o.
Que faites-vous ?	Manao inona hianao ?
Taisez-vous !	Mangina !
Parlez-vous français ?	Miteny farantsay va hianao ?
Pourquoi y a-t-il tant de monde ici ?	Nahoana misy vahoaka betsaka aty ?
Il y a beaucoup de monde.	Misy olona maro.
Quand arriverons-nous ?	Rahoviana ho tonga izahay ?
Dans huit jours.	Amy ny havaloan'andro.
Avez-vous des réclamations à faire ?	Mamezovezo va hianao ?

Repas.   Fihïnanana.

Le riz est-il cuit ?	Masaka va ny vary ?
Pas encore.	Tsy mbola.
Faites vite.	Ataovy haingana ; mana-faingana.
Car nous avons faim.	Fa noana izahay.
Nous sommes pressés.	Maika izahay.
Préparez la table.	Amboary ny latabatra.
Apportez les assiettes,	Ento ny vilia,
Les cuillers,	Ny sotro,
Les couteaux,	Ny antsy,
Les fourchettes,	Ny forosety,
Les plats.	Ny lovia.
Le déjeuner est-il cuit ?	Efa masaka va ny sakafo ?
Le déjeuner est-il prêt ?	Efa voatra va ny sakafo ?
Allons dîner.	Andeha bihinana.
Voici la salle à manger.	Ity ny trano fihinanana.
Donnez du pain, du vin, de la glace, du sel, du sucre.	Omeo mofo, divay, ranomandry, sira, siramamy.
Coupez cette viande.	Tapaho ity hena ity.
Elle n'est pas cuite.	Tsy masaka izy.
Elle est trop salée.	Misy sira loatra.
Apportez-nous de l'huile.	Itoudray diloilo izahay.
Vous n'avez pas encore bu ?	Tsy mbola nisotro hianao ?

Que voulez-vous boire?	Inona ho sotroi'nao ?
De l'eau seulement.	Rano hiany.
Je n'ai pas soif.	Tsy mangetaheta aho.
Apportez les fruits.	Ento ny voankazo.
Ce fruit est-il mûr ?	Masaka va ity voankazo ity ?
Il n'est pas très·mûr.	Tsy masaka loatra izy.
Ce fruit est bon.	Tsara ity voankazo ity.
Je suis bien rassasié.	Voky tsara aho.
Vous n'avez pas apporté le sucre?	Tsy nenty'nao ny siramamy ?
Aimez-vous les légumes?	Tia nao ny anana ?
Mangez du poisson.	Homana hazandrano.
Apportez de l'eau chaude.	Ento rano mafana.
Ne buvez pas de l'eau de la rivière,	Aza misotro ranon drenirano,
Car elle n'est pas propre.	Fa tsy madio izy.
Allez chercher vos vivres.	Andeha haka ny hani'nao.
Pourquoi ne mangez-vous pas?	Nahoana no tsy homana ?
Où est votre assiette?	Aiza ny lovia nao?
Pourquoi est-elle sale ?	Nahoana maloto izy ?
Etes-vous malade?	Marary va hianao ?

Promenade.

Fitsangantsanganana.

Allons nous promener.	Andeha hitsangantsangana.
Où irons-nous ?	Ho aiza isika ?
Allons à la campagne.	Andeha an-tsaha.
Allons au marché.	Andeha an-tsena.
Demain, j'irai avec vous.	Rahampitso hiaraka amy nareo aho.
Irons-nous à pied ?	Handeha tongotra va isika?
Avez-vous un bon cheval?	Manana va soavaly tsara hianao ?
Je veux aller à cheval,	Te hitaingin-tsoavaly aho,
Car il fait trop chaud.	Fa mafana loatra.
Allez vite.	Andeha faingana.
C'est trop fatigant.	Mahasasatra loatra izany.
Arrêtons-nous un peu.	Mijanona kely,
Attendez-moi.	Miandrasa ahy.
Retournons.	Modia isika.
Allez doucement.	Andeha miadana.
Vous-êtes bien pressé.	Maika loatra hianao.
Arrêtez.	Mijanona.
Allons boire du lait.	Andeha isika hisotro ronono.
A qui appartient cela ?	An'iza ity ?
A qui sont ces vaches?	An'iza ity ombivavy ity ?
Et ces volailles?	Ary ireo akoho ireo?
A qui ce cheval ?	An'iza ity soavaly ity ?
Ce bœuf?	Ity omby ity ?
Cette maison?	Ity trano ity ?
Ce champ ?	Ity saha ity ?
Quel est cet animal?	Inona ity biby ity ?
Qui demeure ici ?	Iza mipetraka aty ?